Cómo disfrutar tu sueldo todo el mes.

Y muchas ideas originales para aumentar tus ingresos.

EDUARDO AGUILERA, MGS

COMO DISFRUTAR TU SUELDO TODO EL MES

Estás manejando bien tus ingresos?

Son tus gastos realmente lo que necesitas?

Precisas de ideas de negocios para emprender?

Quieres aprovechar la globalización y el Internet?

ÍNDICE

INTRODUCCIÓN

CAPÍTULO 1: Haciendo un autodiagnóstico

CAPÍTULO 2: Cambiando la forma de ver mis gastos

CAPÍTULO 3: Ideas de negocios que sí resultan

CAPÍTULO 4: Aprovechar la globalización

DEDICATORIA:

Este libro está dedicado a todas las personas que día a día están preocupados por las finanzas de cada una de sus hogares, padres, madres o hijos que trabajan a diario y viven preocupados por solventar las necesidades económicas que involucra sacar adelante a una familia.

También dedico este libro a todos los emprendedores por ser quienes se embarcan en este maravilloso mundo de desarrollar nuevas ideas y lo difícil que es ponerlas en práctica. Para ellos mucha suerte.

Y a todos quienes quieren escribir un libro… No lo diga, escríbalo…

INTRODUCCIÓN

Una vez más ha llegado el día de cobrar el sueldo, y cómo todos los meses está espera me desespera por la cantidad de deudas que tengo que pagar. Mis gastos se han incrementado desde que ...., la verdad no me acuerdo desde cuando ya no me alcanza el sueldo para nada, el dinero se va como agua entre mis dedos y mis ingresos ya no son suficientes.

Si esta pequeña historia la vives a diario, y crees y tienes la voluntad de cambiar, espero que este libro te ayude no solo a mejorar tus finanzas sino a reducir los gastos, optimizar tu sueldo y poco a poco mejorar tus ingresos, y, con algunas ideas aumenten tus ahorros y puedas así comprarte ese carro, darte unas merecidas vacaciones o ese gran sueño de tener una casa, un techo para la familia.

Todo se puede lograr, pero se necesita de mucha voluntad para salir de esa zona de confort en la que tu mente te tiene y empezar a incomodarnos, con menos sueño y más trabajo. Actividades laborales que hay que cumplir para optimizar nuestros recursos (tiempo y dinero).

Ahora está de moda la filosofía "hazlo tú mismo" que en inglés es DIY "do it yourself", término que puede ser utilizado para muchos ideales, desde reducir tus gastos hasta incrementar tus ingresos, pero como dije anteriormente se necesita voluntad y decisión para aplicar lo que en este libro vamos a aprender.

En el primer capítulo aprenderemos la importancia de hacer un correcto auto diagnóstico de nuestras finanzas, hacer conciencia de marcar nuestras prioridades y establecer cuáles podemos prescindir.

En el segundo capítulo te enseñaremos a cambiar la forma de ver los gastos, aprenderemos a identificar un gasto de una inversión, pensaremos como un millonario que cuida mucho de su economía con cada centavo y nos centraremos principalmente en mejorar tu economía.

En el tercer capítulo revisaremos algunas ideas de negocios que sí tienen resultados pero hay que decir la verdad, ningún negocio te va a convertir millonario de la noche a la mañana, si alguien te dice eso, no le creas, te quiere estafar. Solo el sudor de la frente y el esfuerzo diario, mucha inteligencia, perseverancia y dedicación objetiva y centrada te llevarán a cumplir tu sueño, cualquiera que sea este.

Para finalizar en el cuarto capítulo aprovecharemos las oportunidades que nos brinda la globalización, el inmenso mundo del internet y todas las grandes aplicaciones que están al alcance de todos, oportunidades que usándolos correctamente son grandes ventajas comerciales a todo nivel.

CAPÍTULO 1: Haciendo un autodiagnóstico

No importa si somos solteros, casados con hijos, en planes de tener hijos o sin ellos, si estamos divorciados o si todavía estamos en planes de buscar a ese ser que nos llene el corazoncito, la verdad que todos somos seres humanos y muchas veces nos dejamos llevar por los sentimientos y emociones al momento de tomar decisiones, estas inciden en nuestra forma de ser, en nuestra vida, y afectan directa o indirectamente en nuestra economía, y es así que como seres humanos que vivimos en un mundo totalmente globalizado y consumista, queramos o no, para poder tener **una vida** y disfrutarla día a día, o tal vez solo en las vacaciones, nos vemos en la obligación de todas las mañanas recordar que debemos satisfacer nuestras necesidades básicas, y entre estas están, tener una alimentación sana y nutritiva, tener un techo donde dormir y descansar, que nos proteja y nos brinde seguridad, cumplir con los pagos en educación que hacemos por nosotros mismos y por nuestros hijos y allegados, realizar los gastos en medicinas que involucran mejorar nuestra salud, buscar aceptación social o entretenimiento, ser parte de un grupo familiar, social, deportivo, cultural, etc. ya que como ser humano buscamos la socialización, entre otras muchas formas.

Estos gastos que los realizamos mes a mes muchas veces salen de nuestro presupuesto planificado y por esta razón que ya es hora de hacer un verdadero diagnóstico de nuestras finanzas, de nuestros gastos y comprobar cómo va la economía de nuestro hogar, es por eso debemos plantearnos las siguientes interrogantes:

- ¿Nos estamos endeudando cada día más?
- ¿Cómo puedo mejorar la economía de mi hogar?
- ¿Cómo hago para evitar las deudas?
- ¿Existe algún camino para mejorar mis ingresos?

Cabe indicar que toda persona que destine más del 50% de sus ingresos al pago de deudas o que por pagarlas afectan al bienestar propio o de su familia, se considera que está sobre endeudado. Para evitar sobre endeudarse es necesario manejar un presupuesto personal y familiar que involucre los gastos en la alimentación, transporte, servicios básicos como agua, luz y teléfono, educación, ocio, vestimenta y vivienda, planificar las inversiones y analizar qué tipo de créditos tiene vigentes o estaría en planes de realizarlos, además de por cuánto dinero endeudarse y por cuánto tiempo. La responsabilidad y la planificación nos llevarán a manejar de mejor manera nuestras finanzas para bienestar de nuestra familia.

Este es el motivo por la cual escribí este libro. Desde muy pequeño siempre he buscado la forma de ahorrar en todo, desde los indispensables servicios básicos a los cuales debes pagarlos cada fin de mes, a la hora de hacer las compras en el mercado, en los paseos de fin de semana, hasta en las más lujosas vacaciones que he podido disfrutar con mis seres queridos, realmente en todo momento, gracias a poder organizarme mejor con mis ingresos, cambiando y reduciendo la interminable lista de gastos que una familia en la actualidad demanda.

El primer paso es iniciar con un sincero autodiagnóstico de tus finanzas, vamos a revisar con una hoja de chequeo claro y a conciencia que la encontrarás al final del libro, si los gastos, compras, pagos, obligaciones, etc. son realmente parte de tus prioridades, si realmente las necesitas, si las usas o no, hay algunas familias que compran algo por la emoción del momento o porque el vendedor fue muy eficiente al hacer su trabajo y termina convenciéndonos en comprar algo que no necesitamos y eso quedará guardado en el baúl de los recuerdos, cosas que puedes vivir sin ellas, o son pura vanidad, lujos o gustos que nos damos por satisfacer nuestras emociones internas. Lo cual es cierto modo está bien siempre y cuando tu economía te lo permita, pero si te lo puedes privar y con eso ahorrarse unos centavitos, es hora de empezar a definir cuáles son tus prioridades y cuáles no.

Vamos a aprender a planificar de mejor manera nuestros ingresos, a tener una lista predefinida de gastos y a minimizar o a reducir los imprevistos. Planificar nuestras finanzas en términos que requerimos para nuestro ejercicio consiste en un proceso metódico en un plazo o espacio de tiempo determinado para seleccionar la información correcta, ordenarla y establecer un plan de acción, reduciendo las actividades innecesarias, minimizando los gastos y siguiendo una acción consensuado. Cabe indicar que toda planificación es perfectible en el camino y como tal puede ser mejorada, sirviendo de base para llegar así a la excelencia.

Una forma muy didáctica de empezar un auto diagnóstico es hacer el siguiente ejercicio, nos imaginamos que vamos a vivir en un departamento completamente nuevo y vamos a empezar desde cero, para lo cual debemos empezar a equiparlo con lo mínimo e indispensable en cada habitación. Cómo por ejemplo: en la habitación ubicamos un colchón y la ropa necesaria para nuestras actividades diarias (sociales, laborales, deportivas) y ropa de cama. Cómo verás podemos prescindir de la cama, la cual la compraremos más adelante. Así mismo en la sala comedor, escogeremos primero un juego de comedor o si eres más sociable un juego de sala para las visitas, pero para el primer mes solo uno de los dos. En la cocina viene lo complicado, que podemos comprar que sea lo mínimo indispensable para sobrevivir.

Con este fácil ejercicio nos damos cuenta que la alimentación es un tema prioritario, seguido de nuestro merecido descanso muy importante para reponer energías después de una jornada extenuante de labores, y, finalizamos con la vida social.

Ahora para entrar en nuestro auto diagnóstico vamos a anotar en un papel cuánto es lo que destinamos para estas actividades, y, de existir otras como educación y salud también entrarán en la categoría de prioridad. El resto pasará a segundo plano y créanme que si podemos sobrevivir sin estos gastos o por lo menos reducirlos.

Hay que hacer un acápite especial a la salud, y el cuidado preventivo por medio de alimentación rica en vitaminas y nutrientes, tal como decía mi abuelita, la vitamina "O" la de la Olla. Con estas vitaminas prevenimos muchas enfermedades y por ende el ahorro familiar. Por lo tanto hay que volver a revisar la forma en que nos alimentamos, que productos compramos en el mercado, cuántas veces comemos fuera de casa, que tan saludable es nuestra alimentación. En mi caso personal, en mi familia compramos todos los fines de semana en el mercado mayorista un saco de 100 naranjas para consumo a diario de jugo de naranja, puro y sin azúcar. Esto sin lugar a dudas ha mejorado las defensas en mis hijos, ya no hay virus de la gripe que dure, y si le llega un leve estornudo, le dura muy poco, porque las defensas de la vitamina C obtenidas de tomar todos los días jugo de naranja nos ha ayudado en reducir gastos en salud y medicinas. Ahora se come sano y por ende mejora la salud también.

Otra de las formas más importantes para realizar un verdadero diagnóstico que nos permita obtener resultados sinceros y claros es expresando con absoluta franqueza el problema y éste siempre suele ser un tropiezo al momento de realizar un diagnóstico, porque como seres humanos somos muy duros a la hora de criticar a otra persona pero a la hora de hacer una autocrítica nos reservamos muchas cosas que no nos gusta o que hacemos caso omiso para dejar o cambiar, aun así cosas que pueden hacernos daño como son los vicios o situaciones que involucran a nuestro corazón. La conciencia me dice una cosa pero la razón dice otra.

Dentro del diagnóstico que vamos a realizar en la hoja que se encuentra al final del libro, es considerar que no siempre lo más caro o costoso en lo mejor, muchas veces este sistema globalizado y consumista nos hace pensar que hay que pagar más para obtener un producto de calidad, aunque en la mayoría de casos es así, no lo es en todos los casos. La verdad que si estamos en planes de ahorrar y querer que nuestro sueldo alcance hasta fin de mes, debemos criticarnos en todo, inclusive a la hora de comprar, es bueno ahora no solo pensar dos veces antes de pagar, mejor pensemos cinco, diez o las veces que sea necesario para saber si ese artículo o servicio, está bien pagado, si el precio es el más conveniente, por lo que muchas veces se sugiere realizar un estudio de mercado sobre ese producto. Ahora no tiene que ser el mega estudio de mercadeo, con consultar en 2 o 3 tiendas diferentes, ver algunas tiendas en internet, ya nos puede dar una idea de si el precio ofertado por un bien o servicio es elevado o conveniente y así con seguridad y convencido y sin arrepentimientos posteriores saber que se hizo una buena compra.

CAPÍTULO 2: Cambiando la forma de ver mis gastos

Una vida tranquila y sin preocupaciones de dinero es lo que desearía toda persona que tiene una montaña de deudas, cuentas por pagar mes tras mes, inclusive en ocasiones podemos estar tentados a caer en la zona de sobre endeudamiento, en la que gastamos realmente más de lo que podemos pagar, y de la que puede resultar difícil de salir, afortunadamente es posible revertir esta situación de manera fácil, todo lo que se necesita es empezar a planificar y distribuir correctamente tus ingresos y gastos de cada mes, de esta manera procurarás cubrir tus gastos prioritarios antes de acceder a los créditos o préstamos que deseas; este es el inicio de un endeudamiento responsable.

Planificar tus ingresos y gastos te permitirá ocupar tu dinero de manera inteligente, disfrutar de comodidades y alcanzar metas personales, sin que tus gastos desborden la suma de tus ingresos, para lo cual que ofrezco estos consejos:

Empieza tu planificación elaborando un presupuesto, ¿cómo? es simple, no necesitas tener grandes conocimientos para organizar tu presupuesto, solo debes realizar antes de que inicie cada mes, una resta entre el total de tus ingresos, ya sea tu salario, ventas o prestación de servicios independiente con el total de tus gastos mensuales.

Si obtienes una cantidad positiva, esta es la cantidad de dinero que puedes utilizar para cubrir créditos, para usar en casos de emergencia, o que podrías ahorrar para futuros planes.

Si la cantidad que obtienes es negativa, estarás ingresando a la zona de sobre endeudamiento que podría ir acumulándose si no recortas tus gastos.

Organiza tus gastos para así cubrir primero tus necesidades básicas y prioridades como pagos de agua, luz, telefonía, alimentación, arriendo o pensiones de escuela, teniendo en cuenta estos pasos llegarás a la meta, que es llegar a gestionar un endeudamiento responsable. Pero ¿qué significa esto? , al gestionar un endeudamiento responsable nos encontraremos en una zona segura, en la que adquirimos únicamente las deudas que somos capaces de afrontar dependiendo de la capacidad de nuestros ingresos.

El presupuesto nos ayudará a tener en mente que gastos adicionales podemos cubrir y en qué tiempo, como en el caso de gastos por compras con tarjetas de crédito y préstamos otorgados por una institución financiera, para estudios o para iniciar tu propio negocio. Debes tener en cuenta el motivo del crédito que solicites, el monto y el tiempo de pago, adquirir grandes deudas debe ser fijada únicamente para casos puntuales que te representen un retorno como inversión y no para llegar a fin de mes, esto último podría sacarte de tu zona segura.

Ahora que tenemos conocimiento de presupuesto y endeudamiento responsable, debemos expulsar de nuestras vidas el sobre endeudamiento y empezar a disfrutar de los beneficios que te ofrece.

Otro paso muy importante que debemos hacer es cambiar la forma de ver nuestros gastos para lo cual te doy algunas recomendaciones, que, sí o sí, te ayudarán a reducir y optimizar tu dinero:

- En la actualidad existen muchas empresas que ofrecen servicio de televisión por cable o satelital, estos servicios suelen ser bastante costosos y varían de precios por cada paquete que se contrate. Puedes cancelar este servicio y cambiarte a televisión por internet por demanda. Sin ánimo de hacer publicidad a Netflix, sin embargo también existen otras opciones mucho más económicas y que al final te dan el mismo servicio. Para las noticias puedes usar los canales en línea de los noticieros de tu preferencia.

- Para la adquisición de víveres la recomendación es hacer compras en los mercados de transferencia o mercados mayoristas, si bien es cierto haremos compras para nuestro hogar, es decir compras minoristas, siempre se puede tener acceso a entrar a este tipo de mercados que su oferta en muy amplia y ofrecen cantidades mínimas de compra que al final del mes resultan más económicas que comprando al diario. Esto involucra tener conocimiento de los precios de cada uno de los productos en mercados diferentes y realizar un excelente acopio y almacenamiento de tus víveres en lugares frescos, secos y con la temperatura adecuada que eviten la descomposición rápido de los alimentos y te puedan durar mucho más.

- Reduce tu vida social, si bien es cierto somos seres humanos que buscamos relacionarnos, pero en este reto que estás planteándote un rubro muy elevado es lo que significa tener una vida social activa, ya sea como soltero o como casado, podemos hacer un esfuerzo y dejar de lado tantas salidas y fiestas que lo que único que hacen es vaciar nuestros bolsillos. Así que consejo sano, deja por un tiempo tu vida social o redúcela un poco y verás que te puedes ahorrar ahí algunos pesos.

- Al momento de hacer una compra, realiza siempre un pequeño estudio de mercado, cotiza en otros lugares o tal vez por internet, así podrás tener una idea clara del precio sugerido para un producto, además acostúmbrate a siempre pedir descuento o rebajas, muchos comercios consideran este rubro como parte del proceso comercial, así como pregunta por ofertas y cupones que manejen y que puedas tener acceso.

- Aplicar la política de las 5Rs, que consiste en **repensar** los hábitos, de **rechazar** productos que generan impactos en el medio ambiente y en nuestro caso en particular en nuestra economía, **reducir** el consumo de bienes que no representan un beneficio real e importante para nuestras actividades y finanzas, optar por materiales más duraderos, **reutilizar** los materiales, aprovechando su envase, esto es como comprar cosas al granel o en tamaño familiar y **reciclar,** disminuyendo al máximo el gasto, disminuir la producción de basura, y aprovechando los papeles, latas, metales y otros materiales que pueden ser transformados en materias primas para productos nuevos.

- Aprovecha la luz y ventilación natural en la medida de lo posible. La luz natural además de ser gratis es mejor para cuidar nuestra vista.

- Revisa siempre tus consumos de los servicios básicos, las planillas de agua, luz, teléfono suelen mostrar el historial de consumo de los últimos meses, lo cual influye en el gasto de esto representa mes a mes, por lo tanto no dejes que se acumulen y que esto te genere multas, cortes, cobros por reconexión, etc. Genera una política interna de ahorro de recursos, verificando que las llaves de agua siempre permanezcan bien cerradas, verificar que las válvulas de descargo de los inodoros y todo el sistema esté en buenas condiciones, así como todo el sistema de tuberías de la casa, las luces encendidas únicamente las necesarias, utilizar focos ahorradores, de bajo consumo o con tecnología LED y reemplazando aquellas que se encuentran en mal estado.

- Se recomienda instalar termostatos y temporizadores en los hogares para controlar la calefacción y mantenerse en una temperatura adecuada. A la hora de comprar electrodomésticos fijarse en los que consumen menos y saber usarlos bien.

- Desconectar el cargador del teléfono móvil y todo aparato eléctrico y electrónico, tales como televisores, antenas Wifi, equipos de sonidos, entre otros, que no estemos utilizando. Lo mejor es desenchufarlos cuando no estén en uso.

- Revisa siempre las facturas de tus consumos que haces antes de pagar, evitarás así algún cobro por error voluntario o involuntario. Esto suele ocurrir más de lo que te imaginas, así que a poner atención a esto.

- Reduce tus deudas, ponte al día en el pago de tus obligaciones, evita caer en mora o multas que no puedas evitar y que necesariamente tendrás que pagarlo. Algunos establecimientos y entidades del Estado, aplican fuertes multas y viven de eso.

- Revisa periódicamente tu vehículo, mantente al día en los cambios de aceite, revisa que las llantas se estén gastando uniformemente, lleva tu carro a un taller regularmente para un chequeo, con esto lograrás aumentar la vida útil de tu vehículo y sus componentes, y un manejo seguro y eficiente en la vía.

- Muchas veces pensamos que es malo endeudarse, esto no es así, lo que está mal es no pagar. Si bien es cierto, podemos obtener mejores precios al pagar de contado, pero no siempre tendremos la disponibilidad de tantos billetes para una y otra compra, por lo que la compra a crédito es una opción para poder tener todo aquello que necesitamos. Recuerda el primer capítulo en donde hablamos de tener en casa solo lo que realmente necesitamos.

- Aliméntate bien, esto no significa que vamos a comer como náufragos, es comer comida saludable, las porciones que nuestro cuerpo necesita. En los niños, jóvenes y deportistas necesitan recuperan las energías que a diario gastan, en cambio en personas que pasan los 30 años, ya nuestro cuerpo no necesita tanta comida, por lo que eso pasan directamente a aumentar el tamaño de nuestra cintura abdominal provocando malestares de salud.

- Por último, verifica las marcas de los productos que consumes, existen en la actualidad varios comercios y supermercados grandes que adoptan su nombre a marcas reconocidas como convenios comerciales para aumentar así su venta, siendo este el mismo producto pero en otro envase, al final el precio es más conveniente por un mismo producto.

Conocer estas recomendaciones y muchas otras más que usted tenga en mente o que puedan encontrar en internet no hace la diferencia, lo único que sirve de verdad es la aplicación o implementación en vuestros hogares, recuerde que estamos en la era de la información, a la que todos tenemos acceso, la diferencia la hacen aquellos que tengan la voluntad de tomar acción con el primer paso y la perseverancia de mantenerse. Así que manos a la obra y empecemos a cambiar.

CAPÍTULO 3: Ideas de negocios que sí resultan

En la actualidad si te interesa iniciar tu propio negocio, sea este de bienes o servicios desde tu propia casa, podemos encontrar millones de páginas en internet, cientos de historias, y otros miles de ideas, que puedes iniciar con baja inversión, en un sin número de categorías que están a tu alcance, dependiendo de tu interés, conocimientos, fortalezas, experiencia y habilidades. Aquí podemos seguir el refrán que dice "enseña lo que sabes y vivirás de eso", lo que para muchos puede significar en crear un negocio que se venda un producto sea elaborado por tus propias manos, o siendo como tercera persona en el proceso de venta, y lo mismo ocurre con proveer servicios.

Al momento de iniciar un negocio debes ponerte como meta que al final del flujo de caja, es decir que la materia prima, la mano de obra y el precio de venta, represente que queda una ganancia, por ende aumentando tus ingresos poco a poco. Ahora, si alguien te dice que te vas a convertir en millonario de la noche a la mañana y que no tienes que hacer nada, estarás cayendo en brutal engaño, solo el esfuerzo, el sacrificio y la perseverancia son el único camino que deberás seguir para iniciar un negocio rentable, sea con una tienda física como tiendas virtuales en el maravilloso mundo del internet.

Sin el ánimo de coartar ese impulso de querer entrar en este mundo de las ideas de negocios que existen, es importante antes que nada plasmarte los objetivos que definirá las metas que tú como empresario te debes poner a la hora de iniciar un negocio o bien administrarlo, sin ellas prácticamente no tendrías un lugar al cual llegar con lo que has comenzado y seguramente fracasarías por no tener bien definido qué es lo que quieres lograr, por lo que establecer metas en tu negocio marcará la ruta que debes seguir y no desviarte del camino tal como pasó en el cuento, Alicia en el país de las maravillas.

En la conocida obra de Lewis Caroll, Alicia en el país de las maravillas, Alicia llega a una encrucijada donde se materializa el Gato de Cheshire. Entonces Alicia le pregunta:

- ¿Podrías decirme, por favor, qué camino debo tomar desde aquí?
- Eso depende - le contesta el gato - de adónde quieras ir.
- No me importa demasiado - prosigue Alicia.
- Entonces da igual qué camino tomes - replicó el gato categóricamente.

Ahora bien ya con plena atención en este tema, y dejando de lado a Alicia, plantearte objetivos en tu negocio, son básicamente proponerse algo y luego verificar si se ha cumplido con ello, para lo cual los objetivos deben ser claros y alcanzables, y redactados en términos de organización, administración de tiempo y cuantitativos.

Para ser un buen negociador, primero tiene que averiguar a dónde se quiere llegar y por qué. Eso supone comprometerse con unos objetivos específicos y justificables. También significa tomarse tiempo para transformar sus objetivos de simples a verdades expectativas apropiadamente ambiciosas.

Aquí van algunos ejemplos de por qué son importantes los objetivos en tu negocio:

Hagámonos entonces una breve pregunta: ¿qué quiero lograr con mi negocio?, por ejemplo digamos que deseas abastecer al 70% de los negocios mayoristas de tu localidad; ahí se establece claramente lo que quieres alcanzar.

En el caso de las ventas puede que proyectes un incremento del 30% para este año, algo muy específico que establece las metas a cumplir.

Otro ejemplo para una empresa que ofrece servicios turísticos, algunos de sus objetivos planteados pueden ser:

- Posicionarse en los próximos cinco años como la mejor empresa de turismo de la zona.
- Obtener un 25% de rentabilidad anual
- Tener alianzas con 5 hoteles de la ciudad, etc.

Son objetivos que tienen tiempo, son para toda la empresa y son medibles.

Ahora bien entre tantas ideas de negocios que existen, podemos agrupar en los siguientes:

- Empresas multiniveles; son una excelente opción para quienes desean conseguir mejores ingresos y no poseen conocimientos, experiencia ni capital para invertir. Este modelo está basado en una red de vendedores o distribuidores independientes que obtienen dinero a través de la venta directa de productos y un porcentaje de las comisiones de las ventas de las personas que se hayan hecho los distribuidores a partir de sus inscritos y de los resultados de sus reclutados.
Estas empresas te ofrecen grandes oportunidades de capacitación y equipos de trabajo siempre y cuando demuestres tu interés y obtengas buenos resultados, a los cuales serás recompensado con títulos o reconocimientos.
Según la página web www.directselling.news la lista de las 20 empresas multinivel top 2018 a nivel mundial son las siguientes:

Rango	Compañía	Ingresos USD
1	Amway	$8.60B
2	Avon Products Inc.	$5.70B
3	Herbalife	$4.40B
4	Vorwerk	$4.19B
5	Infinitus	$3.92B
6	Mary Kay	$3.25B
7	Natura	$3.09B
8	Perfect	$2.96B
9	Nu Skin	$2.28B
10	Tupperware	$2.26B
11	Coway	$2.05B
12	JoyMain	$1.58B
13	Oriflame Cosmetics	$1.537B
14	SUN HOPE	$1.536B

15	Young Living	$1.52B
16	Rodan + Fields	$1.50B
17	New Era	$1.33B
18	Jeunesse	$1.30B
19	Pola	$1.22B
20	Ambit Energy	$1.15B

- Empresas de bienes de consumo; son aquellas que comercializan un bien tangible que sirve como consumo para un segmento de clientes. Este sector está pasando por transformaciones profundas originados por un consumidor más conectado a la tecnología, lo que ha hecho mucho más exigente e informado en sus decisiones de compra, mayores reglamentaciones en el ámbito laboral, tributario, fiscal; así como la presencia de marcas propias y más opciones disponibles para el consumidor, y, finalmente una desaceleración en el crecimiento del consumo reflejado en las bajos índices de confianza del consumidor frente a la situación actual de la economía. Haciendo esto un mercado más competitivo, lleno de desafíos, pero obviamente un terreno que si podemos entrar para ganar, siempre y cuando lo hagamos bajo un metódico plan de negocios.

- Empresas de servicios; son aquellas cuya actividad principal es ofrecer un servicio intangible, con el objetivo de satisfacer necesidades colectivas o particulares. Estas empresas venden servicios, logística, organización, planeación, conocimiento, etc. por tal motivo deben estar especializadas en su rama, con calidad y buena voluntad para así mantener siempre a sus clientes satisfechos y leales.

- Bienes raíces; las personas que se dedican a este tipo de negocios saben que este sector es muy desafiante pero a la vez es muy lucrativo. Cualquier persona que disfrute vendiendo propiedades también puede disfrutar siendo dueño de una agencia de bienes raíces. Todos los vendedores con buen rendimiento en este sector se centran en dos cosas: en conocer bien las necesidades del cliente y en estar obsesionado con sus metas.

- Infoproductos; son productos educativos de información con conocimientos y experiencias que se encuentran empaquetados de manera impresa o digital y que busca ser útil para un grupo de personas con problemas o necesidades similares. Un ejemplo de infoproductos es un libro, ya que te transmite conocimiento y la experiencia del autor.

Para poder vender es necesario tomarse como objetivo de ser los mejores y tener siempre un impacto positivo en lo que haces. Ponerse retos a cumplir desde el principio es la mejor forma de sacar adelante tu emprendimiento, hacer tu lista de enfoque del negocio, metas a corto, mediano y largo plazo, estrategias de precalentamiento de aplicación de las técnicas de venta que puedas aplicar y que te garanticen una venta, empezar a tomar acción, empezar a tener resultados que aunque sean pequeños son motivadores para tus grandes metas.

7 RAZONES PARA ESCRIBIR UN PLAN DE NEGOCIO

¿Por qué escribir un business plan?

1. Sirve como hoja de ruta y análisis estratégico
2. Permite conocer el sector y la competencia
3. Comprueba la coherencia interna del proyecto
4. Comunica la idea a posibles inversores, proveedores, clientes, socios, etc
5. Estudia la viabilidad técnica y económica
6. Cohesiona al equipo humano respecto a la marcha del proyecto
7. Sirve para visionar el futuro a corto plazo

Antes de continuar tu gran proyecto de ventas, debemos tener una estrategia de ventas para aplicarlos en varios canales de aplicación del negocio, los cuales se enmarcan básicamente en:

- Mentalidad, puedes tener el mejor producto o servicio del mundo, pero si nadie lo compra de nada te sirve. Muchos empresarios tienen problemas por su falta de ventas y asumen que el problema es por qué no tienen buenos vendedores. Un buen vendedor se forma, se entrena día a día mediante experiencias y aprendizajes, no nace, se hace.

- Prospectación, prospectar clientes sin tener ninguna referencia común es sin duda lo más difícil que hay en ventas. El prospectar son todas las actividades encaminadas a explorar potenciales clientes también llamados prospectos, de una manera proactiva.

- Venta, consiste en llevar la transacción hasta el final, es decir concretar la venta efectiva del bien o servicio a tu cliente

- Seguimiento, la importancia del seguimiento de la venta se centra tanto en aumentar la satisfacción del cliente al sentir que recibe un servicio más completo como en mejorar la reputación del vendedor. Un buen vendedor se preocupa por sus clientes, da una imagen de honestidad y sinceridad.

- Expansión, consiste en ofrecer diferentes productos a nuevos mercados, fidelizar a nuestros clientes, convirtiéndolos en compradores recurrentes, apoyándonos en campañas publicitarias, medios de comunicación y estrategias digitales.

A continuación te presentamos varias ideas de negocios que sí resultan y que una vez conocidos los temas anteriores, podemos poner en práctica, así que es hora de elegir y ponerse en marcha:

- Marketing digital.
- Venta de cerveza.
- Servicios de contaduría.
- Gerente de marketing.
- Venta de indumentaria.
- Asesor financiero de seguros.
- Servicios para la construcción.
- Coaching financiero.
- Servicios de iluminación.
- Arquitecto.
- Inmobiliaria.
- Agencia de conferencistas.
- Venta de equipo médico.
- Servicios funerarios.
- Consultor de riesgos.
- Agencia de viajes.
- Ventas de joyería.
- Venta de automóviles.
- Venta de software.
- Coaching de vida.
- Network marketing.
- Coach neurolingüística.
- Agencia de comunicación y diseño corporativo.
- Organización de actividades recreativas.
- Venta de instrumentos musicales.
- Diseño y publicidad.
- Servicios de construcción.
- Comida saludable a domicilio.
- Venta de quesos gourmet.
- Desarrollo personal para mujeres.
- Tiempo compartido.
- Blogger financiero.
- Venta de productos cosméticos.
- Ventas de seguros.
- Diseñadora de modas.
- Venta de productos plásticos.
- Multinivel.
- Coaching en ventas.
- Psicoterapia.
- Venta de accesorios para mascotas.
- Desarrollo personal.
- Venta de suplementos nutricionales.
- Escritora.
- Venta de café.
- Logística de cargas.
- Planeadora de bodas.
- Ingeniero en electrónica.
- Ingeniero en sistemas.
- Gerente comercial.
- Fotógrafo de bodas.
- Productos sustentables.
- Abogado.
- Telemarketing.
- Servicios de copywriting.
- Representante farmacéutico.
- Medicina holística.
- Odontología.
- Ventas B2B.
- Venta de elevadores.
- Empresa de distribución de frutas.
- Diseño gráfico.

CAPÍTULO 4: Aprovechar la globalización

Para complementar tu negocio debemos enfocarnos en todos los pasos del proceso de venta, así como es importante saber que hoy en día tenemos muchos medios digitales que están a nuestro servicio para todos y cada uno de los puntos aprendidos: mentalidad, prospectación, venta, seguimiento y expansión. Y así tener tantas razones o sueños como es el de tener más libertad, aumentar tus ingresos, tener la posibilidad de disfrutar más con tu familia, viajar a ese lugar deseado, ofrecer una mejor versión de tú mismo.

En este capítulo hablaremos de las ventajas que ofrece la globalización, pero mucho más que leer letra muerta, es todo un trabajo de investigación realizado y aplicado por mí en este mundo, por lo que ahora el internet y su fácil acceso nos permiten llegar a donde queramos, aunque a veces solo sea virtualmente, pero llegamos. Es por esta razón que te presento estas ideas y sugerencias para que tu idea de negocio suba como la espuma.

Además, puedes ver un programa que se llama "Negociando con tiburones" en el que se presentan varios emprendedores con muchas ideas originales y que buscan convencer a inversionistas de gran calado a invertir en sus productos o servicios, demostrando gran suspicacia al momento de la negociación.

Uno de los más grandes negocios que existe en la actualidad se llama Amazon el mismo que tiene gran posicionamiento en el mercado global, su fundador y Director Ejecutivo, Jeff Bezos ha alcanzado el primer puesto en la lista Forbes como el hombre más rico del mundo, gracias a este negocio. Amazon ofrece una vitrina para tus productos, vivas o no en ese país, es decir si vives en América puedes vender en Asia, y viceversa, aprovechando su gran plataforma y su cadena logística, puedes llegar a todo el mundo con tu producto propio o revendiendo como mayorista o minorista.

Amazon te ofrece el servicio de logística manejado por ellos con el nombre de Amazon FBA, Fulfillment by Amazon, que es un servicio de almacenamiento, recolección, embalaje, venta y despacho desde su portal web, seleccionando los productos desde los más de 80 centros logísticos en todo el mundo previamente abastecidos hasta la dirección del cliente final. Por lo que el dueño de la mercadería paga una comisión a Amazon para que ellos se encarguen de toda la logística, facilitando más que nunca la venta local o internacional, a donde llegue este servicio.

Otra gran plataforma que existe en el gran mundo del internet es Alibaba, al mando de Jack Ma, empresario chino, fundador y Presidente Ejecutivo de Alibaba Group, quien ha llevado a este consorcio de negocios de gran éxito a nivel global. Permitiendo a todo el mundo hacer negocios directamente con los fabricantes de casi cualquier producto que te imagines y gestionar la logística para que llegue a donde desees. Inclusive a una bodega de almacenamiento o storage warehouse para llevar tu empresa a otro nivel.

Tanto Alibaba como AliExpress, son plataformas de internet que se dedican al comercio electrónico, su interfaz incluye portales de venta business to business, venta al por menor, y de venta entre consumidores; ofrece también servicios de pago en línea con un servicio de custodia llamado Alipay, un motor de búsqueda para comparación de precios y almacenamiento de datos en la nube.

La existencia de Facebook, es para quienes estamos en el mundo de las ventas una gran oportunidad, para saber aprovechar esta plataforma es necesario aprender cómo esta red social es una auténtica tienda en internet y así podrás vender directamente a tus seguidores o fans sin salir de la página. Con el marketing de Facebook, puedes llegar a todo el mundo o puedes llegar a un público objetivo de personas relevantes de forma eficaz, multiplicar tus ventas y llevando tu negocio a otro nivel.

También contamos con el gran mundo de Google, quien tampoco iba a quedarse atrás en el mundo de las ventas, y como dueños de casi la totalidad de las búsquedas en internet, con sus plataforma ofrece la posibilidad con Google AdWords de hacer de ellos un gran centro comercial donde puedes promocionar todos los productos sea en tu tienda física o digital, generando enlaces con palabras clave para enseñar tu negocio a miles y miles de potenciales clientes y así aumentar tus ventas. Genera anuncios o campañas para vender tus productos online y dirigir el tráfico a tu tienda, pagando solo cuando los compradores hace click en tu página web.

Finalizamos nuestro estudio con un proveedor de servicios de marketing por correo electrónico, llamado Mailchimp, cuya plataforma de automatización de marketing digital te ayuda a compartir campañas de emails y publicitarias con cientos de clientes. Se basa en el enfoque de administrar correctamente tu base de contactos para hacerles llegar promociones o información sobre tu tienda, tus productos, tus ofertas o un sin fin de opciones que te permitan llevar tu negocio a donde tú quieras.

Ahora, lo más importante es la hora de tomar acción, de decidir cambiar tu estilo de vida, para lo cual no hace falta renunciar a tu trabajo o a las cosas que haces en el día a día, es decir, que puedes manejar ambas cosas a la vez. Y como lo indiqué anteriormente es salir de la zona de confort, ese lugar en la que tu mente te mantiene seguro, porque es donde tienes lo todo, y entonces para que arriesgarse, si para tu mente no lo hace falta. Es ahí donde empieza el verdadero reto. Puedes empezar con solo una hora al día.

Una vez que pasaste este primer paso, debes elegir un producto para vender, puede ser este un producto físico, un servicio o producto digital, de entre tantas opciones que te he mostrado, y, escoger quien será tu proveedor. Para lo cual hay que hacer un estudio de mercado y después un plan de acción o un plan de negocio.

La magia del marketing funciona cuando se aprovechan las herramientas del Internet, como Facebook (quien no tiene Facebook en la actualidad), Google y sus campañas pagadas (abarca el 98% de las búsquedas en todo el planeta), o las campañas gratuitas por correo electrónico a través de Mailchimp.

Otro de los puntos más importantes es la forma de cobrar tus honorarios, es decir, los medios de pago que entre otras pueden ser: PayPal, Hotmart, Payoneer, las que son seguras, confiables, recomendables y trabajan a nivel mundial, y puedes retirar tu efectivo en donde quiera que te encuentres.

Para finalizar este estudio y entrar a la práctica, debemos conocer el término funnel o embudo de conversión, el cual es un término de marketing digital online que trata de definir los distintos pasos que tiene que dar un usuario para cumplir un objetivo determinado dentro de la web, ya sea este un registro, una compra, o la generación de una campaña con páginas de aterrizaje.

El embudo de conversión o funnel sirve para determinar el porcentaje de pérdidas en cada uno de los pasos que el usuario realiza en tú página web hasta cumplir el objetivo final, así como qué puntos hay que optimizar con mayor urgencia para conseguir que se conviertan el mayor número de usuarios posibles.

Lo más importante de este tipo de técnicas es que nos sirven para detectar los elementos de mejora de una forma muy potente así como extraer otro tipo de información valiosa para nuestro negocio online. Nuestros esfuerzos irían destinados a detectar nuestros puntos más débiles y así optimizar de la manera adecuada todo el procedimiento.

Hoja de Diagnóstico y Planificación de Gastos Mensuales

	moneda local
Vivienda	
• remodelación	
• ampliación	
• mejora	
• mantenimiento	
• arriendo	
• agua	
• gas	
• energía eléctrica	
• telefonía	
• alícuotas	
Educación	
• matrícula	
• pensión	
• derechos	
• útiles escolares	
• cuidado infantil	
• uniformes	
• transporte escolar	
• equipos de computación	
• material didáctico	
• créditos educativos	
• cursos / capacitaciones	
Alimentación	
• compra de productos naturales	
• compra de productos artificiales	
• compra de alimentos preparados	
• pensiones alimenticias	
Vestimenta	
• prendas de vestir	
• pañales	
• confección de prendas	
• accesorios	
• joyas	
Salud	
• honorarios médicos por profesionales	
• servicio de salud en hospitales o clínicas	
• medicina prepagada	
• primas de salud	
• deducibles de seguro médico	
• medicamentos	
• insumos médicos	
• lentes y prótesis	

• otro accesorio para la salud	
• gastos por enfermedades catastróficas	
Pagos por gastos varios	
• cuotas de tarjeta de créditos	
• cuotas por compra de vehículo	
• gasolina para automotor	
• mantenimiento del automotor	
• transporte público	
• transporte privado	
• extras:	
Total de gastos mensuales	

EMBUDO DE CONVERSIÓN

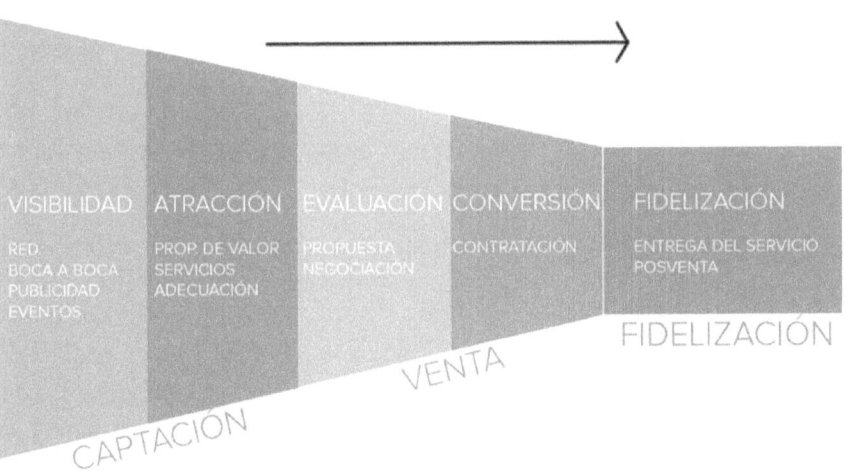

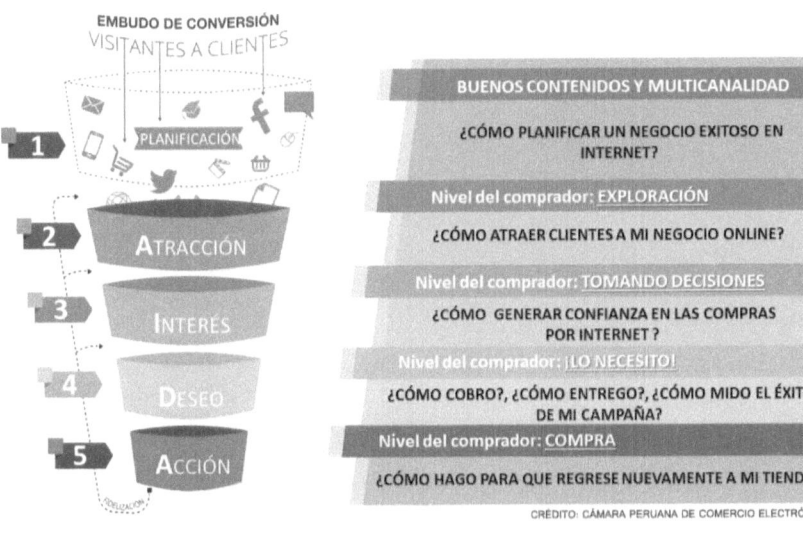

Bibliografía:

El presente libro fue realizado gracias al impulso de la compañía Hotmart para la realización de infoproductos con su campaña de emprendimiento denominado "desafío 30 días" para la creación de productos digitales.

La información de libre acceso fue obtenida en Wikipedia.com para datos de conocimiento general.

El impulso y aporte generado por Criz Ursua con sus cursos digitales en su empresa Mas Academy.

Revisión realizada por Enrique Aguilera.

www.ingramcontent.com/pod-product-compliance
Lightning Source LLC
Chambersburg PA
CBHW031511210526
45463CB00008B/3190